Ex libris

Rodríguez, Antonio Orlando, 1956-
    La maravillosa cámara de Lai-Lai / Antonio Orlando Rodríguez;
ilustraciones Esperanza Vallejo. -- Bogotá : Panamericana Editorial,
2007.
    36 p. : il. ; 22 cm. -- (Sueños de papel)
    ISBN 978-958-30-2134-3
1. Cuentos infantiles cubanos 2. Fotógrafos - Cuentos infantiles
3. Aventuras - Cuentos infantiles 4. Varadero (Cuba) - Cuentos
infantiles.
I. Vallejo, Esperanza, 1951-, il.II. Tít. III. Serie
I863.6 cd 19 ed.
A1077009

    CEP-Banco de la República-Biblioteca Luis Ángel Arango

La maravillosa cámara de Lai-Lai

Editor
Panamericana Editorial Ltda.

Dirección Editorial
Conrado Zuluaga

Edición
Mireya Fonseca Leal

Ilustraciones
Esperanza Vallejo

Diagramación y diseño de cubierta
Diego Martínez Celis

Primera edición, enero de 2007

© Antonio Orlando Rodríguez
© Panamericana Editorial Ltda.
Calle 12 No. 34-20, Tels.: 3603077 - 2770100
Fax: (57 1) 2373805
Correo electrónico: panaedit@panamericanaeditorial.com
www.panamericanaeditorial.com
Bogotá D.C., Colombia

ISBN 978-958-30-2134-3

Impreso por Panamericana Formas e Impresos S. A.
Calle 65 No. 95-28. Tels.: 4302110 - 4300355. Fax: (57 1) 2763008
Bogotá D.C., Colombia
Quien sólo actúa como impresor.

Impreso en Colombia   Printed in Colombia

La maravillosa cámara de Lai-Lai

Antonio Orlando Rodríguez

Ilustraciones

Esperanza Vallejo

SUEÑOS
DE PAPEL

PANAMERICANA
EDITORIAL

*Para Sergio, que también vio a Lai-Lai
en la playa de Varadero, hace ya
muchos años.*

Había una vez un fotógrafo chino llamado Lai-Lai que un día se aburrió de comer arroz con palitos, agarró su cámara de cajón, se subió en un velero hecho de juncos y salió a darle la vuelta al mundo.

En África retrató las pirámides
de Egipto y las cataratas
del lago Victoria;

en Europa, la catedral de
Notre Dame y los jardines
de Catalina la Grande;

y en América, la estatua de la Libertad

y las ruinas de Machu Picchu.

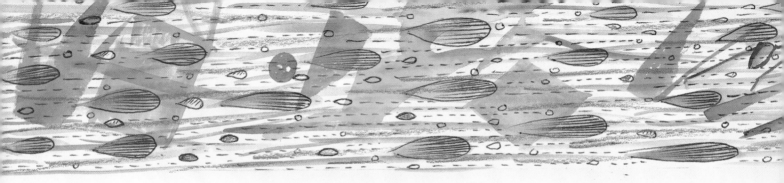

Pero resultó que,
cuando navegaban por el mar
Caribe, un terrible huracán hizo
zozobrar la embarcación

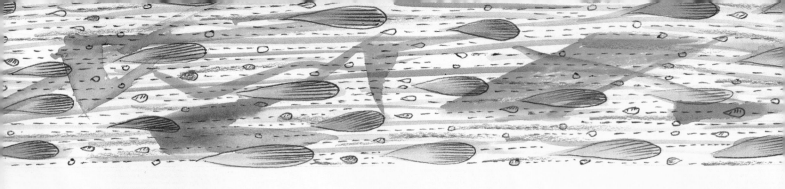

y todos los tripulantes perecieron
menos el fotógrafo chino, que tuvo
la afortunada idea de encaramarse
en su cámara.

Así, flotando y flotando al compás
de las mareas, alimentándose de
algas y camaroncitos y bebiendo
el agua de lluvia que conseguía
recoger en su sombrero, el náufrago
navegó durante varias semanas.

Hasta que por fin, un amanecer,
distinguió a lo lejos un
manchón pardusco.

Al principio creyó que se trataba de
un tiburón gigante y se despidió de
la vida; pero luego se percató de que
era una isla y empezó a gritar en
pequinés: "¡Tierra, tierra!"
y a patalear de alegría.

De esa manera llegó Lai-Lai, hace muchos, nadie recuerda cuántos años, a la playa de Varadero.

Desde entonces, todas las mañanas,
no importa que llueva o haga frío,

se echa al hombro su anticuada cámara
de cajón y sale con ella rumbo a la orilla
del mar, a retratar a los vacacionistas.

Dondequiera que encuentra a alguien bañándose, Lai-Lai se detiene, coloca su cámara sobre el trípode, mete la cabeza debajo del paño oscuro,

cierra un ojo y con el que deja
abierto mira por un agujerito, y
enseguida está lista la fotografía.

Sólo que, desde el chapuzón del
naufragio, la cámara de Lai-Lai
lo retrata todo distinto.

Cuando él aprieta la perilla de disparar,
de no se sabe dónde sale una música
china muy rara, y en las fotos las cosas
aparecen trastocadas, no como son,
sino como pudieran ser.

Las muchachas bonitas se transforman
en corales; los jóvenes, en apuestos
hipocampos; las tías gruñonas,
en erizos; los gordos, en esponjas;
los chiquillos, en caracoles y conchas;
y los envidiosos, en medusas.

Y lo más extraño es que la gente queda encantada con sus retratos. Parece que les gusta verse convertidos en almejas, pulpos o sargazos.

Todos quieren a Lai-Lai, lo llaman cuando viene por la arena dorada, caminando en zigzag con sus pies que parecen muelas de cangrejo. Lo invitan a tomar cerveza y a comer perros calientes y le hacen bromas: "¿Quién eres tú, Lai-Lai? ¿Una estrella de mar? ¿Acaso un delfín?".

Él sonríe y suspira, a todo dice que sí,
pero callado siempre, como si estuviera
pensando en otra cosa, en algo que
nadie ha logrado adivinar.

Una tarde, cuando ya los bañistas se
habían retirado y la playa estaba solitaria
y tibia, unos niños que correteaban sin
rumbo encontraron al fotógrafo chino
sentado sobre una roca.

Estaba tirándole pescaditos secos
a un viejo pelícano y contemplaba,
ensimismado, el horizonte, quién
sabe si acordándose de cuando
comía el arroz con palitos.

Los muchachos se acercaron a
él sin hacer ruido y se metieron
debajo del manto negro
de la cámara;

apretaron la perilla de disparar, junto
a las olas se escuchó por un instante
la música rara y, cuando Lai-Lai vino
a darse cuenta de la travesura, ya lo
habían retratado.

Entonces apareció la foto y los
niños, que esperaban ver un delfín
o una estrella de mar, un coral
o un hipocampo, descubrieron,
asombrados, que Lai-Lai era apenas
un montoncito de espuma, sólo eso.

Un puñado de casi nada, una pizca
de magia que anda suelta por ahí,
alegrándole la vida a la gente.

Fin